AF425068

과달루페 성모 마리아

사랑의 문명의 어머니

허창구

지은이: 허창구
ISBN: 9798869038180
youtube.com/@greatcalling

책에 대하여

이 책은 1531 년 12 월, 멕시코시티 근교의 테페약
언덕에서 아즈텍 원주민 후안 디에고에게 발현하신
성모 마리아에 관한 놀라운 이야기입니다.
이 책을 읽으면, 하늘에는 모든 사람을 사랑하시는
하느님이 계시며, 그분은 성모 마리아를 통해서
인류 역사에 깊이 관여하고 있음을
확신하게 될 것입니다.

감사의 말씀

이 책이 출간될 수 있도록 물심 양면으로 후원해
주신 저의 유튜브 채널 회원님들과, 아름다운
장미꽃 표지 그림을 그려 주신 나비의 꿈 김정자
작가와 멋진 삽화를 그려 주신 노희연 가타리나
자매의 재능 기부, 그리고 기도로 후원해 주신 많은
구독자님들께 감사를 드립니다.

내가 여기 있지 않느냐? 내가 너의 어머니가
아니냐? 너는 나의 그림자와 나의 보호 아래 있지
않느냐? 내가 너의 기쁨의 근원이 아니냐? 너는 내
망토 속에 있지 않느냐? 나의 감싼 팔 아래 있지
않느냐? 더 필요한 어떤 것이 있느냐?

배경

과달루페 성모 마리아의 발현

성모님은 1531 년 12 월 9 일, 10 일, 그리고 12 일, 총 3 일에 걸쳐 현재의 멕시코시티의 외곽에 있는 테페약 언덕에서, 찬란하게 빛나는 웅장한 젊은 여인의 모습으로 후안 디에고라는 한 가난하고 겸손한 원주민에게 나타나셔서, 그곳에 거룩한 집을 지을 것을 요청하셨습니다.

그리고 발현 마지막 날인 12 월 12 일, 성모님은 그녀가 그곳에 오셨다는 증거로, 당시 후안 디에고가 입고 있던 틸마라는 큰 망토에, 평화롭고 겸손하게 고개를 숙이고 생각에 잠겨 두 손을 모아 기도하고 있는 자신의 모습을 사진처럼 남겨 주셨는데, 이 초자연적인 기적의 이미지는 현재 멕시코시티의 테페약 언덕에 위치한 과달루페 성모 마리아 국립 대성당(Insigne y Nacional Basilica de Santa

María de Guadalupe)의 제단 위 벽에 걸려 있습니다.

이 이미지에서, 성모님은 꽃과 식물로 장식된 붉은 색조의 장밋빛 드레스 위에 황금색 별이 새겨진 발까지 닿는 큰 청록색 망토를 두르고, 원주민과 스페인 사람 간의 혼혈인의 얼굴 모습을 하고, 마치 성경의 계시록 12 장에 등장하는 여인처럼 임신하여 해산이 가까운 모습으로, 태양을 옷 입고 검은 초승달을 밟고 그 위에 서 있는데, 독수리의 날개를 한 천사가 한손에는 성모님의 청록색 망토를, 다른 손에는 장밋빛 드레스를 잡고 성모님을 받들며 시중들고 있습니다.

이 역사적인 성모 마리아의 발현 이후, 멕시코에는 회심의 물결이 파도처럼 일어났고, 그 후 10 여 년 동안, 멕시코인 800 만 명이 자발적으로 세례를 받고 평화롭게 그리스도교로 개종했습니다. 그리고, 성모님의 요청에 따라 테페약 언덕에 세워진 과달루페 성모 마리아 국립 대성당은 연간 2 천만 명 이상의 순례자들이 방문하는 중요한 성지가 되었습니다.

과달루페 성모 마리아의 발현은 하늘에는 만물의 창조주이시고 우주의 지배자 되시는 하느님이 계시다는 확실한 증거입니다.

신비로운 후안 디에고의 틸마

아즈텍 원주민 남자들은 틸마라는 큰 망토를 입고 다녔습니다. 틸마는 마게이(Maguey) 선인장의 섬유를 사용하여 손으로 짠, 결이 거칠고 느슨한 아야테(Ayate)라는 천으로 만들었습니다. 그들은 틸마를 옥수수와 같은 곡식을 나르거나 바닥에 누워 잘 때 담요처럼 덮는 등 다양하게 사용했습니다.

가난한 원주민 후안 디에고가 입었던 틸마는 평범한 것이었습니다. 틸마는 보통 20-30 년이 지나면 자연적으로 삭아서 부스러집니다. 그러나 성모님의 거룩한 이미지가 남겨져 있는 후안 디에고의 틸마는 500 여 년이 지난 현재까지 원래의 모습을 유지하고 있습니다. 성모님의 이미지가 처음 116 년 동안은 아무런 보호장치 없이 습기, 온도, 촛불의 연기 등에 그대로 노출되어 있었을 뿐 아니라, 수많은 사람들이 손으로 만지고 키스하고 했다는 점을 고려할 때, 후안 디에고의 틸마가 이러한 악조건 속에서도 500 여 년이 지난 오늘날까지 본래의 모습을 유지하고 있다는 사실은 그 자체만으로도 기적이 아닐 수 없습니다.

발현의 배경

스페인 정복자들은 1519 년 4 월, 멕시코의 동부 해안에 도착했습니다. 그리고 그로부터 약 2 년 후인 1521 년 8 월 13 일, 아즈텍 왕국의 정복은 완성되었고, 스페인의 가톨릭 교회는 신세계에서 신속히 복음화가 이루어지기를 갈망했습니다.

스페인의 역사를 잠깐 돌이켜 보면, 스페인은 예수님의 12 사도 중 한 분인 사도 야고보에 의해 일찍 복음이 전파된 곳입니다. 그러나 711 년 북아프리카 무슬림인 무어인들의 침공을 받았고,

7 년간의 전쟁 끝에 718 년경 무슬림의 지배하에 들어가게 됩니다. 그러나 그들은 740 년경부터 북쪽으로부터 조금씩 무슬림들을 밀어내기 시작했고, 마침내 1492 년 800 여 년의 오랜 기다림 끝에 그라나다 왕국과의 전쟁에 승리하여 무슬림들을 스페인 땅에서 완전히 몰아내고, 다시 크리스천 왕국을 회복했습니다.

또, 그 여세를 몰아 같은 해에는 크리스토퍼 콜럼버스를 보내 신대륙을 발견했습니다. 하지만 1517 년 마틴 루터가 교회에 반항하면서 가톨릭 교회는 많은 어려움을 겪었는데, 이로 인해 가톨릭 왕국인 스페인은 신대륙에 빨리 복음을 전파하기 원했습니다.

그런데 그들이 신대륙 아즈텍 문명의 중심에 와서 보니 놀랍기만 하였습니다. 특히 그들을 놀라게 한 것은 아즈텍의 종교였습니다. 아즈텍인들은 자연의 이치와 천체의 움직임에 대한 높은 지식을 가지고 있었습니다. 그들은 이 세상은 여러 신들에 의해 통치를 받고 있으며, 따라서 해가 떠오르고, 사계절이 제때 찾아오고, 우주가 조화롭게 운행되기 위해서는 사람이 피를 흘려 생명을 바쳐 태양신 우이칠로포치틀리, 깃털이 달린 뱀신 케찰코아틀 등 여러 신들을 도와야 된다고 생각했습니다. 아즈텍인들에게는 어떻게 사느냐보다, 어떻게 죽느냐가 중요했습니다. 그들에게 종교는 절대적인 것이었고, 그들은 신을 위해 희생하면 좋은 사후 세계가 보장된다고 믿었습니다. 그래서 인신공양이 그들의 종교 의식의 일부가 되었고, 아즈텍 제국에서는 매년 수만 명의 사람들이 그들의 신을 위해 희생되었습니다.

이와 같은
종교를 처음
본 스페인
사람들은 큰
충격에
빠졌습니다.
그들은
아즈텍
왕국이
복음화되기
위해서는,
정치적
정복과 영적
정복의 두
단계가

아즈텍의 인간 희생 (Codex Magliabechiano)

필요하며, 그 중 먼저 정치적 정복이 선행되어야
한다고 생각했습니다. 그래야만 그들의 인신공양을
법으로 금지할 수 있기 때문입니다. 그리고 약 2 년
동안의 노력 끝에 아즈텍 왕국은 정복되어
스페인의 지배를 받게 되었고, 마침내 아즈텍
종교의 악마적 인간 희생은 끝나게 되었습니다.

그리고 드디어, 아즈텍 왕국이 정복된 지 약 3 년
후인 1524 년 5 월, 마르틴 데 발렌시아가 이끄는
12 명의 스페인 프란치스코회 수사들이 긴 항해 끝에
멕시코 동부 해안 베라크루즈에 상륙합니다. 그들은
산과 사막을 건너 겸손하게 맨발로 300km 를 걸어서
멕시코시티까지 왔습니다. 그리고 그들의 헌신적인
노력으로 인해 신대륙 멕시코에 최초의 개종자들이
생겨나기 시작했는데, 그들 중 한 명이 1525 년 그의
아내와 삼촌과 함께 세례를 받은 50 세의 남자,
쿠아우흐틀라토아친이라는 가난한 농부로, 그가

바로 훗날 과달루페 성모 발현의 환시자가 된 후안 디에고입니다.

그리고 성모님께서 발현하시기 4 년 전인 1527 년 12 월, 프란치스코 수도회의 후안 데 주마라가 주교는 카를 5 세 황제로부터 멕시코시티의 초대 주교로 임명되어, 스페인인들이 멕시코 원주민을 가혹하게 대하지 못하도록 하라는 특별한 사명을 받게 됩니다. 이렇게 원주민의 수호자로 임명된 주마라가 주교는, 스페인인들과 원주민들이 화목하게 지낼 수 있도록 성모님께서 도와주시기를 간절히 기도했습니다. 그는 만약 누군가 그에게 그의 고향 스페인의 카스티야 장미꽃을 준다면, 그것을 그의 기도에 대해 성모님이 주시는 응답의 표적으로 믿기로 다짐했습니다.

하지만, 아즈텍 원주민들에 대한 복음화가 순조로웠던 것은 결코 아니었습니다. 아즈텍 왕국이 정복된지 10 년 후인 1531 년 성모님이 발현하셨을 당시에는, 멕시코의 대부분은 이미 스페인의 지배하에 있었지만, 신대륙에서 복음이 전파되는 데에는 많은 어려움이 있었습니다. 노예무역과 같은 일부 스페인 사람들의 부도덕한 행위 때문에 많은 원주민들이 가톨릭을 거부했습니다. 뿐만 아니라, 아즈텍 원주민의 언어인 나와틀어를 말할 수 있는 스페인 사람이 거의 없었기 때문에, 언어의 장벽은 복음화를 막는 큰 요인이 되었습니다. 또한, 스페인 사회와 아즈텍 사회의 너무나 다른 문화의 장벽은 거의 극복 불가능한 것으로 판단되었습니다. 멕시코 문화를 진정으로 이해하고, 그것을 자신의 것처럼 받아들이려는 스페인 사람은 거의 없었고, 많은 원주민들에게 그리스도교는 먼 나라 백인들의 낯설고 생소한 종교로 인식되었습니다. 그러므로, 당시 멕시코 복음화의 결정적인 요소는 복음의 토착화였습니다.

그리고 이런 배경 속에서, 성모님이 아즈텍인들의 성지 테페약 언덕에서 가난한 아즈텍 원주민 후안 디에고에게 발현하셨습니다.

여기 말합니다

성모님이 아즈텍 원주민 후안 디에고에게 발현하셨을 때, 모든 대화는 원주민 언어인 나와틀어로 이루어졌습니다. 그리고 그들의 대화와 성모님 발현의 전체 스토리는 아즈텍 원주민 안토니오 발레리아노가 기록한 것으로 여겨지는, '니칸 모포우아'라는 문서에 기록되어 있습니다. 니칸 모포우아는 나와틀어로 '여기 말합니다'라는 뜻으로, 아즈텍 원주민에 의해 그들의 말로 발현과 동세대에 기록되었다고 믿어지기 때문에, 당시 아즈텍인들의 언어적, 문화적 특성이 잘 반영되어 있어, 성모님 발현의 전체 스토리를 사실적이고 생동감 있게 전해주는 소중한 기록입니다. 원본은 뉴욕 공립 도서관에 소장되어 있습니다.

성모님의 첫 발현은 1531 년 12 월 9 일 토요일 새벽에 일어났습니다. 6 년 전 세례를 받고 개종하여 '후안 디에고'라는 스페인식 이름을 받은 57 세의 아즈텍 원주민 쿠아우흐틀라토아친은 교리수업을 위해 틀랄티롤코에 있는 성당으로 가고 있었습니다. 그는 매주 토요일마다 15km 쯤 되는 이 길을 걸어 다녔습니다.

7

그가 테페약 언덕을 지나갈 때, 그는 언덕 위에 흰 구름이 머물고 있는 것을 보았고, 신비롭고 아름다운 노래 소리를 들었습니다. 그가 노래가 들려오는 곳으로 가까이 다가가자, 태양을 옷 입은 아름다운 여인이 발 아래 검은 초승달을 밟고 찬란한 모습으로 영광의 구름 속에 서 있었습니다. 그녀는 아즈텍인과 스페인인의 혼혈이었으며, 임신한 모습으로, 눈부신 보석처럼 빛나는 바위와 작은 식물들 위에, 여러 모양의 꽃나무가 가득히 새겨진 붉은 색조의 장밋빛 드레스를 입고, 금빛 별이 새겨진 발까지 닿는 큰 청록색 망토를 두르고 있었습니다.

찬란하고 웅장하게 빛나는 여인의 모습에 매료되어 그가 가까이 다가가자, 여인은 감미로운 천상의 음성으로 그의 스페인 이름인 '후안 디에고'와 그의 아즈텍 이름인 '쿠아우흐틀라토아친'을 합친 새로운 이름으로, 그를 불렀습니다.

　　"후안친! 후안 디에고친!"

하늘 여인과 가난하고 겸손한 원주민 후안 디에고 사이의 대화는 이렇게 시작되었고, 이 위대한 과달루페 성모 마리아의 발현 스토리는 하늘에 우주를 다스리는 하느님이 계시며, 그분이 온유하고 겸손하신 성모님을 통해서 그분의 뜻을 이루고 계심을 우리에게 알리고 있습니다.

니칸 모포우아

얼마 전 과달루페로 널리 알려진 테페약에 우리의
여왕이신 하느님의 어머니 완전하신 동정녀
마리아께서 어떻게 기적적으로 나타나셨는지,
순서대로 여기 말합니다.

먼저 그녀는 가난하지만 존경받을 가치가 있는 후안
디에고라는 원주민에게 자신을 나타냈습니다.
그리고 그녀의 소중한 모습이 최근에 임명된 주교,
돈 프레이 후안 데 주마라가 앞에 나타났습니다.

멕시코의 도시가 정복된 지 10 년 후, 화살과 방패를
치워 두고, 모든 마을에는 평화가 있었으며, 싹트기
시작한 믿음은 푸르게 자라나고, 이제 우리 모두가
의지하며 살아가는 참 하느님에 대한 지식의 꽃잎이
열렸습니다.

그 당시, 1531 년 12 월로 들어선 지 며칠이 지났을 때, 겸손하고 존경받는 인디언 원주민, 가난한 사람이 있었는데, 그의 이름은 후안 디에고였습니다. 그는 그들이 말하는 것처럼 쿠아우티틀란에 살았고, 하느님의 모든 것에서 틀랄티롤코에 속했습니다. (*역자 설명: 후안 디에고는 틀랄티롤코에 있는 산티아고 성당에 다녔습니다.)

이날은 토요일로, 아직 동이 트기 전이었습니다. 그는 하느님과 그분의 계명을 추구하기 위해 가고 있었습니다. (*역자 설명: 이날은 12 월 9 일입니다.)

그리고 그가 테페약이라고 불리는 작은 언덕 근처에 이르렀을 때, 새벽이 시작되었습니다.

그는 작은 언덕위에서, 많은 귀중한 새들의 노래 같은, 노래 소리를 들었습니다. 그들의 소리가 멈추면, 마치 언덕이 그들에게 화답하는 것 같았습니다. 매우 부드럽고 기쁨이 가득하여, 코욜토틀이나 트지니츠칸이나 다른 어떤 귀중한 새의 노래보다 좋았습니다.

후안 디에고는 가는 것을 멈추고 둘러보았습니다. 그는 스스로에게 이렇게 말했습니다.

"내가 감히 이런 것을 들을 자격이 있을까? 혹시 내가 꿈을 꾸고 있을까? 혹시 나는 단잠을 자고 있는 것일까?

나는 어디에 있을까? 내 자신을 어디에서 찾을 수 있을까? 내가 지금, 옛날 우리 조상들, 조부모님들이 들려주었던 꽃의 땅, 옥수수의 땅,

우리 육체의 땅, 우리 음식의 땅, 천국의 땅에 있는
것일까?"

그는 언덕의 정상 위로, 해가 떠오르는 방향을 향해,
귀중한 하늘의 노래가 나오고 있는 곳을 향해
바라보았습니다.

그런데 그때 갑자기 노래가 멈추었습니다. 그리고 더
이상 들을 수 없게 되었을 때, 언덕 위에서 누군가
그를 부르는 소리가 들렸습니다.

"후안친, 후안 디에고친!"

그러자 그는 음성이 들려오는 곳으로 갔는데, 그의 마음은 불안하지 않았으며, 매우 행복하고 만족스러웠습니다.

그는 그들이 어디에서 부르는지 알아보기 위해, 작은 언덕 위로 올라가기 시작했습니다.

그가 언덕 정상에 올랐을 때, 그곳에 서 있던 여인이 말했습니다. 그녀는 그에게 가까이 오라고 불렀습니다.

그리고 그가 그녀가 있는 곳에 이르렀을 때, 그는 모든 상상을 초월한 그녀의 완벽한 웅장함에 감탄했습니다.

그녀의 옷은, 마치 빛의 파도를 내보내 듯, 태양처럼 빛나고 있었습니다. 그리고 그녀가 서 있는 험준한 바위는 광선을 내보내는 것 같았습니다. 그녀의 광채는 보석 같았고, 절묘한 팔찌처럼 보였습니다. (*역자 설명: 절묘한 팔찌처럼 보였다는 것은 지극히 아름답게 보였다는 원주민식 표현입니다.)

땅은 안개 속, 무지개의 광채로 빛나고 있는 것처럼 보였습니다. 메스키테와 노팔과, 그곳에 있는 다른 작은 식물들은 에메랄드처럼 보였습니다. 그들의 잎은 청옥처럼 보였습니다. 그들의 줄기와 크고 작은 가시는 황금처럼 빛나고 있었습니다.

그는 그녀 앞에 쓰러지며 엎드렸습니다. 그는 마치 누군가 그를 그녀에게로 인도하여, 그를 높이 존중하는 것처럼, 크고 위대한 영광을 주는, 지극히 친절한 그녀의 목소리, 그녀의 숨결과, 그녀의 말을 들었습니다.

그녀는 그에게 말했습니다.

"나의 가장 작은 자, 가장 겸손한 아들 후안아,
어디로 가고 있느냐?"

그리고 그는 그녀에게 대답했습니다.

"나의 여인, 나의 여왕, 나의 작은 소녀여! 나는
멕시코 틀랄티롤코에 있는 당신의 작은 집까지,
우리 주님의 형상인 우리의 사제들이 가르쳐준
하느님의 것들을 따르기 위해 가고 있습니다."
(*역자 설명: 작다는 표현은 존경을 의미하는
원주민식 표현입니다.)

그러자 그녀는 그와 이야기를 나누고, 그녀의 소중한
뜻을 밝힙니다. 그녀는 말했습니다.

"나의 가장 사랑하는 가장 작은 아들아, 너는 내가
영원토록 완전한 동정녀 거룩한 마리아, 사람을
발명하고 창조하신 우리에게 생명을 주시는, 우리
주변에 있는 것과 우리와 접촉하고 있는 것과 또
우리에게 매우 가까운 것들의 소유자이며 주님
되시고, 하늘의 소유자이며 주님 되시고, 땅의
소유자이신 진리의 위대한, 한 분이신 참
하느님의 어머니임을 알고 알아야 한다.

나는 그들이 이곳에 나의 신성한 작은 집을
짓기를 원한다. 그곳에서 나는 그분을 보여줄
것이며, 그분을 드러내고, 그분을 높일 것이다.

나는 나의 모든 사랑 안에 있는, 내 동정의 시선
안에 있는, 나의 도움 안에 있는, 나의 구원 안에
있는 모든 사람들에게 그분을 드릴 것이다.

나는 진실로 너희의 자비로운 어머니이기 때문에,
너희와 이 땅에 함께 살고 있는 모든 사람들의,
그리고 다른 조상을 가진 다른 모든 사람들의, 내
사랑하는 사람들의, 나에게 부르짖는 사람들의,
나를 찾는 사람들의, 나를 신뢰하는 사람들의,
동정심 많은 어머니이기 때문에,

그리고 그곳에서, 나는 그들의 흐느낌과 그들의
슬픔을 듣고, 그들의 다른 모든 염려와 그들의
불행과 그들의 고통을 치료하며 깨끗케 하고
보살필 것이기 때문에,

너는 내 동정 어린 자비로운 시선이 원하는 것을
이루기 위해, 멕시코 주교의 집으로 가서 내가
어떻게 너를 보냈는지 그에게 말하고, 내가
이곳에 그로 하여금 나를 위해 집을 짓기를, 나를
위해 성전을 세우기를 원하고 있음을 알리고,
그에게 네가 보고 놀라워한, 네가 들은 모든 것을
말하여라.

그리고 내가 그것을 아주 많이 고마워하고 보상할
것이라는 것과, 그로 인해서 나는 너를 풍요롭게
하고 영화롭게 할 것이다. 또 그것으로 인하여,
너는 내가 원하는 사안을 요구하러 가는 너의
수고와 봉사에 대해, 내가 주는 보상을 받을
자격이 있다.

나의 가장 소중한 아들아, 이제 너는 나의 숨결과
나의 말을 들었으니, 가서 이 노력에 대한 너의
책임을 다하여라."

그러자 그는 즉시 그녀 앞에 엎드렸습니다. 그리고 그녀에게 말했습니다.

"나의 여인, 나의 작은 소녀여, 이제 나는 당신의 존경스러운 숨결과, 당신의 존경스러운 말이 현실이 되도록 하겠습니다. 당신의 가난한 원주민인 저는 잠시 동안 당신을 떠나가겠습니다."

그리고 그는 언덕을 내려와 그녀의 심부름을 행동으로 옮겼습니다. 그는 둑길에 올라 곧바로 멕시코시티로 갔습니다.

도시의 중심에 도착하자, 그는 곧바로 최근에 도착한 주교의 관저로 갔습니다. 그의 이름은 프란치스코회 신부 돈 프레이 후안 데 주마라가였습니다.

그리고 그는 거기 도착하자마자, 그를 보기 위해 애쓰며, 그의 신부들, 그의 조력자들에게 가서, 그가 자신을 만나야 된다고 그에게 말하라고 간청했습니다.

그리고 오랜 시간이 지난 후, 주교가 들어오라고 명령하자, 그들이 와서 그를 불렀습니다.

그리고 그는 들어서자마자, 먼저 그 앞에 무릎을 꿇으며 엎드려 절하고 자신을 밝히며, 그에게 소중한 호흡, 하늘 여왕의 소중한 말씀, 그녀의 메시지를 말하고, 또한 그에게 그가 본 것과, 그가 들은 것, 그를 경이롭게 한 모든 것을 말했습니다.

그는 그의 모든 이야기와 그의 메시지를 들은 후, 마치 그것이 사실이라고 믿지 않는 듯이 대답하며 말했습니다.

"아들아, 다시 오너라. 내가 차분히 듣겠다. 처음부터 유심히 보겠다. 네가 여기 온 이유와, 너의 뜻과 너의 소원을 고려하겠다."

그는 그에게 맡겨진 심부름이 즉시 받아들여지지 않았기 때문에, 슬프게 나와 그곳을 떠났습니다.

그리고 그가 돌아왔을 때는 날이 저물 즈음이 되었는데, 그는 곧바로 그곳, 작은 언덕의 정상으로 갔습니다. 그리고 그는 하늘의 여왕을 만나는 기쁨을 누렸습니다. 거기, 그녀가 그에게 처음 나타난 바로 그곳에서, 그녀는 그를 기다리고 있었습니다.

그는 그녀를 보자마자 즉시 땅에 쓰러지며 그녀 앞에 낮게 엎드려 그녀에게 말했습니다.

"나의 사랑하는 작은 여인, 왕비님, 나의 작은 딸, 나의 사랑하는 작은 소녀여, 나는 당신의 소중한 숨결, 당신의 소중한 말을 전하기 위해 당신께서 나를 보내신 곳으로 갔습니다.

저는 주교님이 계신 곳으로 어렵게 들어가, 그를 만나서, 당신께서 저에게 명령하신 대로 당신의 숨결과 당신의 말씀을 그의 앞에 두었습니다. 그는 나를 친절하게 맞이하며 온전히 들었습니다.

그러나 내게 응답하심이, 마치 이해하지 못하고, 그것이 진실이라고 생각하지 아니한 것 같았습니다. 그분이 제게 이르시되, '다시 오너라. 내가 조용히 네 말을 듣고, 네가 무엇을 위하여 왔는지 처음부터 너의 갈망과 뜻을 잘 살펴보겠다.'

16

그가 제게 대답한 태도로 보아, 나는 그가 당신이 당신을 위해 여기에 지어 주기를 원하는 당신의 집에 대해, 어쩌면 내가 꾸며낸 것일 수 있고, 당신의 입술에서 나온 것이 아닐 수 있다고 생각하는 것을 분명히 알 수 있었습니다.

나의 여인, 여왕님, 내 작은 소녀여, 존중받는 귀족 중 한 분, 유명하고, 존경받고, 명예로운 사람이 당신의 소중한 호흡과, 당신의 소중한 말씀을 전하도록 하여, 그가 믿게 하소서.

왜냐하면 나는 정말로 시골 사람이기 때문에, 나는 짐꾼의 끈이고, 후면의 틀이며, 꼬리이고, 날개이고, 중요하지 않은 사람입니다. 나는 누군가에 이끌려, 누군가의 등에 업혀 가야 합니다. 당신이 나를 보내신 곳은, 제가 가거나 거기에서 시간을 보내기에 익숙하지 않은 곳입니다.

나의 작은 처녀, 나의 가장 어린 딸, 나의 여인, 작은 소녀여, 저를 용서하십시오. 저는 당신의 얼굴, 당신의 마음을 슬프게 할 것입니다. 저는 당신의 분노 속으로, 당신의 불쾌함 속으로 빠질 것입니다, 나의 여인, 나의 주인님."

완전하신 동정녀, 명예와 존경을 받기에 합당하신 분께서 대답했습니다.

"들어라, 나의 가장 작은 자, 가장 사랑하는 아들아, 내가 나의 뜻을 수행하도록 할, 내 호흡, 내 말을 전할 사명을 맡길 종과 전령이 부족한 것이 아니라는 것을 알아라.

네가 손수 가서 간청하여, 나의 소원, 나의 뜻이 너의 중재를 통해 실현되는 것이 매우 필요하다.

그러니 나의 가장 어리고 가장 사랑하는 아들아, 내일 다시 가서 주교를 볼 것을 내가 너에게 부탁하고 엄히 명령한다.

그리고 내 이름으로 그에게 알리고, 내 소원과 뜻을 그가 듣도록 하여, 내가 그에게 요청하는 하느님의 집을 짓도록 하여라.

그리고 영원한 동정녀 거룩한 마리아, 하느님의 어머니인 내가, 손수 너를 어떻게 보냈는지 그에게 다시 세심히 말하여라."

후안 디에고는 그녀에게 응답하며 말했습니다.

"나의 여인, 여왕님, 나의 작은 소녀여, 제가 당신에게 고통을 주지 않도록 하시고, 당신의 얼굴과 당신의 마음을 슬프게 하지 않도록 하십시오. 나는 당신의 숨결, 당신의 말씀을 수행하기 위해 가장 즐겁게 가겠습니다. 저는 절대 실패하지 않을 것이며, 그 길이 고통스럽다고 생각하지도 않습니다.

저는 가서 당신의 뜻을 행할 것입니다. 그러나 그가 아마도 저의 말을 듣지 않을 수 있으며, 만약 듣는다 하더라도, 혹 저를 믿지 않을 수 있습니다.

내일 오후 해질 때 즈음, 당신의 말씀과 당신의 숨결에 대한 주교님의 답변을 가지고 오겠습니다.

　　이제 제가 정중하게 작별인사를 드리니, 나의
　　가장 작은 딸, 어린 소녀, 여인, 나의 작은 소녀여,
　　조금만 더 쉬십시오."

그리고 그는 쉬기 위해 자기 집으로 갔습니다.

다음 날 일요일, 아직 밤이었고 모든 것이 아직
어두웠을 때, 그는 그곳을 떠나, 그는 그의 집을 떠나,
그는 틀랄티롤코로 곧장 갔습니다. (*역자 설명:
이날은 12 월 10 일입니다.)

그는 하느님에 관한 것을 배우고, 명단에 이름을
올리고, 그런 다음 그는 주교님을 만나기 위해
갔습니다. 그리고 10 시경, 모든 것이 처리
되었습니다. 미사가 끝나고 군중은 사라졌습니다.

후안 디에고는 주교의 관저로 갔습니다. 그리고 그는
도착하자마자, 그를 만나기 위해 온 힘을 다했습니다.
그리고 많은 노력 끝에, 그는 다시 그를 보았습니다.
그는 그의 발 앞에 무릎을 꿇었고, 그는 울었으며,
그는 그에게 말하면서 슬퍼했고, 다시 말씀, 곧 천국
여왕의 숨결을 그에게 알려 주었습니다. 그것은
하느님에 대한 심부름, 완전한 동정녀의 뜻, 그녀를
위해, 그녀가 말한 곳에, 그녀가 원하는 곳에, 그녀의
신성한 작은 집을 지으라는 것입니다.

주교는 그가 그녀를 어디서 보았는지, 그녀가 어떤
사람인지 확인하기 위해, 그에게 많은 것을 물었고,
많은 질문을 던졌습니다. 그는 주교에게 완전히 모든
것을 말씀드렸습니다.

그가 그에게 모든 것을 전부 말했고, 그리고 모든
면에서, 그녀가 완전한 동정녀이며, 우리 구주 우리

주 예수 그리스도의 친절하고 놀라운 어머니라는 것이 절대적으로 분명하게 나타난 것을 보고 그는 놀라워했지만, 그럼에도 불구하고, 그것은 여전히 일어나지 않았습니다.

그는 단지 그의 말 때문에, 그의 간구나 그가 요청한 것이 이루어지지는 않을 것이며, 하늘의 여왕이 직접 그를 보내신 것을 그가 믿기 위해서는, 다른 어떤 표징이 매우 필요하다고 말했습니다.

후안 디에고는 그것을 듣자마자, 주교에게 말했습니다.

"주교님, 당신이 구하는 표징이 어떤 것인지 생각해 보십시오. 그러면 제가 나를 보내신 하늘의 여왕에게 가서 그것을 요청하겠습니다."

주교는 그가 동의하며, 조금도 주저하거나 의심하지 않는 것을 보았고, 그를 떠나보냈습니다.

그리고 그가 길을 나서자마자, 주교는 자신이 절대적으로 신뢰하는 일부 하인들에게 그를 따라가서, 그가 어디로 가는지, 그가 누구를 만나는지, 누구에게 말하는지, 주의 깊게 관찰하도록 명령했습니다.

그리고 그들은 그렇게 했고, 후안 디에고는 둑길을 택해서 곧바로 돌아왔습니다.

그를 따르던 사람들은 테페약 근처, 시내가 나오는 나무 다리에서 그를 잃어버렸습니다. 그리고 그를 찾기 위해 모든 곳을 샅샅이 뒤졌지만 어디에서도 찾을 수 없었습니다. 그래서 그들은 돌아갔습니다.

그들은 스스로 바보가 되었을 뿐 아니라, 그들의 시도가 좌절되었기 때문에 화가 났습니다. 그래서 그들은 주교에게 가서, 그를 믿지 말아야 한다고 그의 머리 속에 집어넣었습니다. 그들은 그가 어떻게 그에게 거짓말을 하고 있으며, 그가 그에게 말하려고 온 것은 꾸며낸 것이거나, 그는 단지 그가 요구하는 것을 꿈꾸거나 상상하고 있을 뿐이라고 말했습니다.

그러므로 그들은 만약 그가 다시 오면, 그가 돌아오면, 그 자리에서 잡아 엄벌에 처하여, 그가 다시는 거짓말을 하거나 사람들을 들뜨게 하지 못하게 하기로 작정했습니다.

한편, 후안 디에고는 지극히 거룩하신 동정녀와 함께 있으면서, 그녀에게 그가 주교에게서 받아온 응답을 말했습니다.

그녀는 그것을 듣고 말했습니다.

"잘했다. 사랑하는 내 아들아, 너는 내일 여기로 돌아와서 주교가 요구한 표징을 가져가거라.

이것으로 그는 너를 믿을 것이고, 그는 더 이상 이 모든 것에 대해 흔들리지 않을 것이며, 더 이상 너를 의심하지 않을 것이다.

그리고, 내 사랑하는 아들아, 네가 나를 위해 이 일에 쏟은 정성과 노력과 수고에 대해 내가 보상할 것이라는 사실을 알아라.

그러니, 이제 가거라. 내일 내가 여기서 기다리겠다."

그리고 다음 날, 월요일, 후안 디에고가 자신을 믿게 하기 위해 어떤 표징을 받아야 했을 때, 그는 돌아오지 않았습니다.

왜냐하면 그가 그의 집에 도착했을 때, 후안 베르나디노라는 그의 삼촌이 질병에 걸려, 매우 위급했기 때문입니다.

그는 원주민 치료사에게 갔고, 치료를 받았지만, 이미 너무 늦어, 그는 매우 아팠습니다.

그리고 밤이 되자, 그의 삼촌은 아직 어두울 때, 자정이 조금 지나, 틀랄티롤코에 가서, 그에게 고해성사를 주고 그를 준비시킬 사제를 불러올 것을 간청했습니다. 그는 다시 일어나지도 못하고, 낫지도 못할 것임을 알았기 때문에, 그는 자신이 죽을 시간과 장소가 이제 다가온 것을 알았습니다.

그리고 화요일, 아직 밤이었을 때, 후안 디에고는 사제를 만나러 틀랄티롤코로 가기 위해 집을 떠났습니다. (*역자 설명: 이날은 12 월 12 일입니다)

그리고 마침내 그는 산맥이 끝나는 작은 언덕에 이르렀을 때, 그 기슭, 길이 나오는 곳, 해가 지는 쪽, 그가 항상 지나갔던 곳에서 말했습니다.

"내가 이 길로 가는 동안, 나는 그 여인이 나를 보는 것을 원하지 않는다. 그녀가, 이전에 지시한 대로, 교회의 주교에게 표적을 가져가도록, 나를 멈춰 세울 것이기 때문이다. 먼저, 우리의 고통이 우리를 떠나야 하기 때문에, 먼저 신부님을 빨리 불러와야 한다. 삼촌이 그를 애타게 기다리고 있다."

그는 즉시 언덕으로 방향을 돌리고, 그 너머로, 하늘의 여왕이 그를 붙잡아 두지 못하도록, 빨리 멕시코로 갈 수 있는 동쪽으로 나왔습니다. 그는 모든 곳을 완벽하게 보고 있는 분이, 자신이 돌아서 간 그곳에서는 자신을 발견할 수 없을 것으로 생각했습니다.

그러나 그는 그녀가 전에 그를 본 곳, 그곳에서 그를 바라보고 있다가, 어떻게 그녀가 산 위에서 내려오는지 보았습니다.

그녀는 그를 만나기 위해 언덕 옆으로 와서, 그의 길을 막았습니다. 그녀는 그에게 말했습니다.

"나의 아들 중에서 가장 작고 가장 겸손한 아들아, 무슨 일이 있느냐? 어디로 가고 있느냐? 어디로 향하고 있느냐?"

그는 아마도 조금 슬펐고, 아마도 조금 수치스러웠고, 아마도 그 상황이 조금 무서웠고, 두려웠지 않았겠습니까?

그는 그녀 앞에 엎드렸습니다. 그리고 그녀에게 인사하며 말했습니다.

"나의 작은 처녀, 나의 가장 작은 딸, 나의 소녀여, 나는 당신이 행복하기를 바랍니다. 오늘 아침 기분이 어떻습니까? 나의 여인, 나의 소녀여, 당신의 사랑스러운 작은 몸은 아프지 않나요?

나는 당신의 얼굴과 당신의 마음에 고통을 주는 것이 슬픕니다. 하지만, 나의 어린 소녀여, 나는 당신의 종들 중 한 사람인 나의 삼촌이 매우 아프다는 것을 말씀드립니다.

끔찍한 병이 그를 붙잡고 있습니다. 그는 분명히 곧 죽을 것입니다.

이제 나는 당신의 멕시코 작은 집에 빨리 가서, 그의 고백을 듣고 그를 준비시킬, 우리 주님이 사랑하는, 우리 신부 한 사람을 불러와야 합니다.

왜냐하면 우리는 진실로, 죽음의 고통스러운 노력을 기다리기 위해 태어났기 때문입니다.

그러나, 만일 내가 그것을 행하면, 나의 작은 여인이여, 나는 여기에 다시 돌아와서, 당신의 숨결과 당신의 말씀을 수행할 것입니다.

당신의 용서를 비오니, 조금만 더 참아 주십시오. 왜냐하면, 나는 이 일로 당신을 속이지 않습니다. 나의 가장 어린 딸, 나의 작은 소녀여, 내일 반드시 가능한 한 빨리 오겠습니다."

후안 디에고의 설명을 듣자마자, 자비롭고 완전한 동정녀는 그에게 대답했습니다.

"들어라. 너의 마음속에 간직하여라. 가장 작고 가장 겸손한 아들아, 너를 겁나게 한 것, 너를 괴롭게 한 것은 아무것도 아니다. 그것이 너를 방해하지 못하게 하여라. 이 병이나 다른 어떤 병이나, 어떤 날카롭고 위험한 것도 두려워하지 말아라.

내가 여기 있지 않느냐? 내가 너의 어머니가
아니냐? 너는 나의 그림자와 나의 보호 아래 있지
않느냐? 내가 너의 기쁨의 근원이 아니냐? 너는
내 망토 속에 있지 않느냐? 나의 감싼 팔 아래에
있지 않느냐? 더 필요한 어떤 것이 있느냐?

아무것도 너를 염려케 하지 말며, 너를 방해케
하지 말아라. 네 삼촌의 병이 너를 슬픔으로
압박케 하지 말아라, 그는 이제 죽지 않을 것이기
때문이다. 그가 이미 치료되었음을 너는 확신해도
된다."

(그리고 나중에 알게 되었는데, 바로 그 순간 그의
삼촌은 건강하게 되었습니다.)

후안 디에고가 하늘의 여왕의 사랑스러운 말, 사랑스러운 숨결을 들었을 때, 그는 크게 위로를 받았으며, 그의 마음은 평화로워졌습니다.

그리고 그는, 주교를 만나도록 그를 즉시 보내 줄 것과, 믿을 수 있는 표적과 증거로 그가 뭔가를 가져가게 해 달라고, 그녀에게 애원했습니다.

하늘의 여왕은 그에게, 그가 전에 그녀를 보았던 곳, 작은 언덕의 정상으로 가라고 명령했습니다. 그녀는 말했습니다.

"나의 가장 사랑하는 아들아, 언덕 위로 올라 가거라. 네가 나를 보았고, 내가 너에게 무엇을 해야 할지 말한 그곳으로 가거라.

너는 거기서 다양한 종류의 꽃이 있음을 보게 될 것이다. 그것들을 잘라서, 모두 한꺼번에 모으고, 그런 다음 여기로 내려오너라. 그것을 나에게 가져오너라."

후안 디에고는 곧바로 언덕 위로 올라갔습니다.

그리고 그가 정상에 이르자, 아직 제철이 되지 않은 때에, 사랑스럽고 아름다운 온갖 꽃이 활짝 피어 있었고, 그는 놀라워했습니다. 왜냐하면 정말로 그때는 서리가 매우 매서운 계절이었기 때문입니다.

그들은 밤의 이슬로 가득 찬 보석 같은 진주처럼, 지극히 부드러운 향기를 발산하고 있었습니다.

그는 그것들을 자르기 시작했습니다. 그리고, 그것들을 모두 모아 그의 틸마에 담았습니다.

그 작은 언덕 위는 분명히 꽃이 자라는 곳이 아니었습니다. 바위와 가시덤불, 부채선인장 그리고 메스키테 나무가 많이 있었습니다.

그리고 약간의 약초나 풀이 자란다 하더라도, 그때는 서리가 모든 것을 먹어 치우는 12월이었습니다.

그는 즉시 다시 내려와, 그가 올라가서 따온 여러 종류의 꽃을 하늘의 여인에게 가져왔습니다.

그리고 그녀는 그것을 보자, 그녀의 소중한 손으로 그것을 들었습니다.

그런 다음 그녀는 그것들을 모두 그의 아야테에 다시 넣고 말했습니다.

"나의 가장 작은 자, 가장 사랑하는 아들아, 이 다양한 종류의 꽃들이 네가 주교에게 가져갈 증거이고 표징이다.

너는, 그가 이것에서 나의 갈망을 볼 것이며, 따라서 그가 내 소원, 내 뜻을 수행할 것이라고, 그에게 말해야 한다.

그리고 너, 나의 전령인 너를, 나는 절대적으로 신뢰한다.

나는, 네가 오직 주교 앞에서만 너의 아야테를 열고, 네가 감싸고 있는 것을 보여줄 것을 엄격히 명령한다.

그리고 너는 그에게 모든 것을 정확히 말해야 하고, 그에게 내가 너에게 작은 언덕 정상에 올라 꽃을 잘라오라고 명령한 것과, 네가 보고 감탄한 모든 것을 그에게 말해야 하는데, 이는 네가 주교를 설득하고, 그가 그의 책임 안에 있는 것을 다하게 하여, 내가 그에게 요청하는 내 성전이 지어지고 세워지게 하기 위함이다."

그리고 하늘의 여왕이 그에게 명령을 내리자마자, 그는 둑길을 따라 멕시코시티로 곧장 갔습니다. 그는 이제 행복하게 갔습니다.

그의 마음은 이제 평안했는데, 그의 심부름이 잘 될 것이며, 그가 심부름을 완벽하게 수행할 것이기 때문입니다.

길을 가는 동안, 그는 그의 망토 속에 있는 것을 잃어버리지 않도록 매우 조심하고 염려했습니다.

그는 다양한 종류의 절묘한 꽃의 향기를 즐기며 길을 갔습니다.

그가 주교의 관저에 도착했을 때, 문지기와 주교의 다른 사제들이 그를 맞으러 나왔습니다.

그는 얼마나 그가 주교를 보기 원하는지 그에게 말해 달라고 그들에게 간청했습니다.

하지만 그들 중 누구도 응하지 않았습니다. 그들은 그를 이해하지 못하는 척했고, 아마도 아직 너무 어두웠기 때문이거나, 아니면 아마도 지금까지 그가 한 모든 것이 그들을 귀찮게 하고 계속 주장하는 것이라고 여겼기 때문일 것이고, 그를 뒤따르다가 놓쳐버린 동료들이 그들에게 이미 말하였기 때문일 것입니다.

오랜 시간 동안, 그는 자신의 요청이 받아들여지기를 기다렸습니다.

그리고 그들은, 그가 부름을 받을까 하여, 아무것도 하지 아니하고, 머리를 숙이고, 거기 오래 서 있으면서, 마치 그의 틸마에 무엇을 담아, 마치 무엇을 가지고 온 것처럼 보이는 것을 보고, 그가 무엇을 가져왔는지 보려는 호기심을 만족시키기 위해, 그에게 가까이 다가왔습니다.

그리고 후안 디에고는 그가 가져온 것을 그들로부터 숨길 수 있는 방법이 없다는 것을 알았습니다. 그는 그들이 그를 괴롭히거나 그를 밀치고, 어쩌면 그와 꽃들을 거칠게 다룰지도 모른다는 것을 알자, 마침내 그들에게 조금 보여주었고, 그들은 그것이 꽃이라고 말했습니다.

그들은 그것들이 모두 절묘하게 아름다운 다양한 꽃이며, 꽃이 피는 계절이 아니라고 말하며, 그것들이 얼마나 신선하고, 얼마나 향기가 좋은지, 또 얼마나 잘 생겼는지 매우 매우 놀라워했습니다.

그리고 그들은 몇 개를 잡아 꺼내고 싶어 했습니다.

그들은 감히 그것들을 세 번이나 잡으려고 했습니다. 하지만 그럴 수 없었습니다.

왜냐하면 그들이 그렇게 시도하면, 그들에게 더 이상 꽃이 보이지 않고, 마치 그것들이 틸마에 그려져 있거나, 수놓은 것처럼 보였기 때문입니다.

그들은 즉시 주교에게 그들이 본 것을 알리러 갔습니다.

그리고 다른 때 왔던 보잘것없는 인디언 원주민이 그를 얼마나 보기를 원하는 지, 그리고 그를 보기 원하기 때문에 그가 그곳에서 허락을 받기 위해 아주 오래 동안 기다리고 있다는 사실을 알리러 갔습니다.

주교는 그 말을 듣자마자, 이것이 겸손한 사람이 그에게 요구하는 것을 시작하도록 확신을 줄 수 있는 증거라는 것을 깨달았습니다.

그는 즉시 그가 자신을 보러 오도록 하라고 명령했습니다.

그리고 그는 들어오자, 전에 했던 것처럼 주교 앞에 엎드려 절했습니다.

그리고 다시 그는 그가 보고 감탄한 것과, 그의 메시지를 말했습니다.

"성하, 선생님, 제가 그대로 했습니다. 제가 당신의 명령을 수행했습니다.

나는 나의 여주인, 하늘의 여인, 거룩하신 마리아, 사랑스러운 하느님의 어머니에게 가서, 그녀가 지으라고 요청한 곳에, 그녀를 위해 신성한 작은 집을 지을 수 있도록, 당신이 나를 믿을 수 있는 증거를 요구하고 있다고 말했습니다.

그리고 나는 또한 그녀에게, 당신이 나에게 말한 대로, 그녀의 뜻에 대한 어떤 증거, 어떤 표징을 당신에게 가져올 것을 당신께 약속했다고 말했습니다.

그러자 그녀는 당신의 호흡, 당신의 말을 주의 깊게 듣고, 그녀의 사랑하는 뜻이 이루어지고 수행될 수 있도록, 표적과 증거에 대한 당신의 요청을 기쁘게 받아들였습니다.

그리고 오늘, 아직 밤이었을 때, 그녀는 나에게 당신을 만나러 다시 가라고 명령했습니다.

나는, 그녀가 나에게 주겠다고 말한 대로, 나를 믿게 할 수 있는 증거를 그녀에게 요구했고, 그녀는 즉시 그녀의 약속을 지켰습니다.

그녀는 나에게, 내가 전에 그녀를 보았던 작은 언덕 위로 올라가, 그곳에서 다른 꽃들, 카스티야 장미를 자르라고 명령했습니다.

나는 그것들을 잘라서, 밑에 있는 그녀에게 가져왔습니다.

그리고 그녀는 그것들을 그녀의 거룩한 손으로 들은 후,

다시 내 아야테에 올려놓았습니다.

그래서 나는 그것들을 당신에게 가져왔고, 그래서 나는 그것들을 오직 당신에게만 드릴 것입니다.

비록 나는, 험준한 바위, 가시나무, 가시 아카시아, 부채선인장, 메스키테 덤불만 있기 때문에, 언덕 위는 꽃이 피는 곳이 아니라는 것을 잘 알고 있었지만, 나는 그것 때문에 의심하지 않았고, 나는 그것 때문에 망설이지 않았습니다.

내가 언덕의 정상에 도착했을 때, 나는 이제 그곳이 낙원인 것을 보았습니다.

거기에는 모두 완벽하고, 가장 아름답고, 이슬이 가득하고 빛나는, 온갖 종류의 귀한 꽃들이 있었습니다. 그래서 나는 즉시 그것들을 잘랐습니다.

그리고 그녀는 내가 그녀로부터 그것들을 당신에게 줄 것이며, 이렇게 해서 나는 진실을 보여줄 것이고, 당신은 그녀의 사랑하는 뜻을 수행하기 위해 요청한 표적을 보게 될 것이며, 그리하여 내 말, 내 메시지가 진실임이 분명해질 것이라고 말했습니다.

여기 있습니다. 받아주십시오."

그런 후 그는 꽃을 감싸고 있던, 그의 망토, 그의 하얀 틸마를 펼쳤습니다.

그러자 모든 다른 귀중한 꽃들이 바닥에 쏟아졌고, 바로 그때,

완전한 동정녀 거룩하신 마리아, 하느님의 어머니의 사랑스러운 형상이, 지금 있는 형태와 모습으로 갑자기 나타나, 표징이 되었고,

그녀의 사랑하는 작은 집, 과달루페라고 불리는, 테페약에 있는 그녀의 신성한 작은 집에 보존되어 있습니다.

그리고 주교와 그곳에 있던 모든 사람들은 그것을 보자마자, 무릎을 꿇었고, 그들은 경외심과 존경심으로 가득 차 있었습니다.

그들은 그것을 보려고 일어섰고, 그들은 슬퍼졌으며, 그들은 울었고, 그들의 마음과 생각은 황홀경에 빠졌습니다.

그리고 주교는 울고 슬퍼하며, 그녀의 뜻, 그녀의 거룩한 호흡, 그녀의 거룩한 말씀을, 즉시 실행하지

않은 것에 대해 그를 용서해 달라고 그녀에게 간청했습니다.

그는 일어나서, 하늘의 여왕이 나타나셔서, 그녀가 표징이 된, 후안 디에고의 옷, 그의 틸마를 그의 목에서 풀었습니다.

그리고 그는 그것을 가져다가, 자신의 기도실에 두었습니다.

그리고 후안 디에고는 여전히 주교의 집에 하루 동안 머물렀는데, 그가 그를 그곳에 머물게 했습니다.

그리고 다음날, 그는 그에게 말했습니다.

　"자, 가자. 천국의 여왕이 그녀의 집을 짓기를 원하는 곳이 어디인지 나에게 보여달라."

그리고 그것을 만들고 짓기 위해 즉시 사람들이 초대되었습니다.

그리고 후안 디에고는, 하늘의 여인이 그녀의 신성한 작은 집을 짓도록 명령한 곳을 보여준 후에, 허락을 구했습니다.

그는, 그가 틀랄티롤코에 가서 고해성사를 주고 그를 준비시킬 사제를 부르기 위해 집을 떠났을 때, 몸이 많이 아팠던, 하늘의 여왕이 그는 이미 치료되었다고 말했던, 그의 삼촌 후안 베르나디노를 만나기 위해 집에 가기를 원했습니다.

그러나 그들은 그가 홀로 가게 하지 아니하고, 사람들이 그와 함께 그의 집으로 동행하도록 했습니다.

그리고 그들이 도착했을 때, 그들은 그의 삼촌이 이제 건강한 것을 보았습니다. 그에게는 어떤 고통도 전혀 없었습니다.

그리고 그는, 조카가 사람들과 동행해서 온 것에 대해 놀랐고, 그것을 큰 영광으로 여겼습니다.

그는 그의 조카에게 왜 그들이 그를 존경하는지 물었습니다.

그러자 그는, 그가 고해성사를 주고 그를 준비시킬 사제를 부르기 위해 떠났을 때, 어떻게 천국의 여인이 테페약 언덕에서 그에게 나타났는지, 어떻게 그녀가 그를 멕시코시티로 보내 주교를 만나도록 하여, 테페약에 그녀를 위해 집을 짓도록 했는지, 그리고 어떻게 그녀가 그의 삼촌이 지금 기뻐하고 있으니 걱정하지 말라고 말하며, 그 소식으로 그를 많이 위로했는지 그에게 말했습니다.

그러자 그의 삼촌은, 바로 그 순간에 그녀가 그를 치료한 것이 사실이라고, 그에게 말했습니다.

그는 그녀가 그의 조카에게 나타난 것과 동일한 모습으로 그녀를 보았습니다.

그녀는, 그가 주교를 만나도록 그를 멕시코시티로 보내면서, 그를 만나면 모든 것을 그에게 알리고 그가 본 것을 그에게 말해야 한다고 말했는데,

그 순간, 그녀는 놀라운 방식으로 그를 치료하셨습니다.

또한 그녀는 그녀의 사랑스러운 모습의 이름에 대해 이렇게 말했습니다. "과달루페의 완벽한 동정녀, 거룩하신 마리아"

그리고 나서 그들은 그와 이야기하고 그의 증언을 듣기 위해, 후안 베르나디노를 주교에게 데려왔습니다.

그리고 그의 조카 후안 디에고와 함께, 주교는 그들을 며칠 동안 그의 관저에 머무르도록 했습니다.

사랑스러운 작은 여왕의 신성한 작은 집이, 그녀가 후안 디에고에게 자신을 드러냈던 테페약에 지어지는 동안,

주교는 사랑스러운 하늘 여인의 사랑스러운 이미지를 성당으로 옮겼습니다.

그는 모든 사람들이 보고 감탄할 수 있도록, 자신의 거주지로부터, 그의 사적인 기도실로부터, 그녀의 사랑스러운 이미지를 가져갔습니다.

그리고 절대적으로, 예외 없이, 모든 사람들이 와서 그녀의 소중한 이미지를 보고 감탄했고, 도시 전체가 깊은 감동을 받았습니다.

그들은 와서 그것의 신성한 특성을 인정했습니다.

그들은 와서 그녀에게 그들의 기도를 바쳤습니다.

그들은 그것이 나타난 기적의 방식에 놀랐습니다.
왜냐하면 절대적으로, 지구상의 그 누구도, 그녀의
사랑스러운 모습을 그리지 않았기 때문입니다.

발현 그 이후

성모님께 순종한 주마라가 주교

아즈텍인들은 여러 신들을 믿었습니다. 천문학이 발달한 그들은 여러 신적인 존재를 통해서 자연의 신비로운 법칙을 이해했습니다. 그리고 그들이 믿은 신들 중 하나가 나와틀어로 '우리의 어머니'라는 이름을 가진 수확과 다산을 주관하는 땅의 여신, 토난친입니다.

성모님이 발현하신 테페약 언덕은 아즈텍인들에게 신성한 장소였습니다. 그들은 언젠가 그들의 여신 토난친이 그곳에 올 것으로 믿고 있었습니다. 그러므로 아즈텍 원주민 후안 디에고는, 테페약에서 성모님을 처음 보았을 때, 성모님을 그들의 여신 토난친으로 생각할 수 있었을 것입니다.

그러므로 성모님은 후안 디에고와의 첫 대화에서, 그녀는 그들의 여신 토난친이 아니라, 영원토록 완전한 동정녀 거룩한 마리아, 진리의 위대한 참 하느님의 어머니임을 분명히 밝히고 있습니다.

"나의 가장 사랑하는 가장 작은 아들아, 너는 내가 영원토록 완전한 동정녀 거룩한 마리아, 사람을 발명하고 창조하신 우리에게 생명을 주시는, 우리 주변에 있는 것과 우리와 접촉하고 있는 것과 또 우리에게 매우 가까운 것들의 소유자이며 주님 되시고, 하늘의 소유자이며 주님 되시고, 땅의 소유자이신, 진리의 위대한, 한 분이신 참 하느님의 어머니임을 알고 알아야 한다."

그리고 성모님은 테페약 언덕에 거룩한 기도의 집을 지으라고 명령하십니다. 아즈텍인들이 이제부터는 예수님을 경배하기를 원하셨기 때문입니다.

"나는 그들이 이곳에 나의 신성한 작은 집을 짓기를 원한다. 그곳에서 나는 그분을 보여줄 것이며, 그분을 드러내고, 그분을 높일 것이다."

1931 년 12 월 12 일의 놀라운 사건을 직접 목격한 주마라가 주교는 성모님의 명령을 즉시 실행했습니다. 주마라가 주교는 성모님을 위해 기도의 집을 짓는데 지체하지 않았습니다. 모든 것을 완성하는데 불과 14 일밖에 걸리지 않았고, 기도의 집은 1531 년 12 월 26 일 크리스마스 다음날에 공식적으로 봉헌되었습니다. 처음부터 수천 명의 원주민들이 성모님의 이미지를 보기 위해 찾아왔고, 성모님의 이미지 앞에서 수많은 아즈텍 원주민들이 순간적으로 회심하고 개종하는 놀라운 일들이

일어나기 시작했습니다. 그리고, 성모님께서 가난하고 겸손한 원주민 후안 디에고에게 발현하셔서 아즈텍인들의 인간 존엄성을 회복시켜 주신 이 위대한 사건 이후 10 년 동안 800 만 명이 넘는 멕시코인들이 세례를 받고 개종했습니다.

주마라가 주교가 지은 작은 기도의 집은 여러 번 증축되었습니다. 해가 갈수록 많은 순례객들이 몰려왔기 때문입니다. 그러다 1709 년에 대성당이 건축되었고, 다시 1976 년 10,000 명을 수용할 수 있는 직경 100m 의 원형으로 된 현재의 과달루페 성모 마리아 국립 대성당이 세워졌습니다.

과달루페라는 이름의 뜻

1531 년 12 월 12 일 성모님이 후안 디에고에게 마지막으로 발현하시던 날, 성모님께서는 또한 병상에 누워 임종을 기다리던 후안 디에고의 삼촌 후안 베르나르디노에게 나타나셨습니다. 그리고 그를 치료하신 후, 성모님은 그가 기적적으로 치료받은 사실을 주교에게 알릴 것을 명령하시며, 자신이 '거룩한 과달루페의 마리아'로 알려지게 될 것이라고 말씀하셨습니다.

일부 아즈텍 왕국의 나와틀어에 정통한 사람들은 과달루페라는 이름이 나와틀어로 뱀이라는 뜻인 '콰틀'과 부수다라는 뜻인 '로페'의 합성어인 '콰틀로페'에서 유래했다고 제안했습니다. 후안 디에고가 여인의 명령을 받고 주마라가 주교를 찾아갔을 때, 주마라가 주교가 테페약에 나타난 여인이 누구인지 묻자, 스페인어를 모르는 후안 디에고는 나와틀어로 '뱀을 부수는 자' 라는 뜻인 '콰틀로페'라고 대답했는데, 그 발음이 스페인의 프란치스코회 수도원에 있는 '과달루페' 성모님 조각상과 유사하기 때문에, 프란치스코회 출신인 주마라가 주교가 그것을 자신에게 익숙한 '과달루페'로 인식했다는 것입니다. 하지만 이 주장은 추측일 뿐입니다.

과달루페라는 이름에 감추어진 역사적인 의미를 살펴보면, 예수님의 제자 야고보에 의해 일찍 복음을 받아들인 스페인은 711 년 북아프리카의 무슬림 무어인들의 침공을 받고 7 년간의 치열한 전투 끝에 정복되었습니다. 그때 스페인 엑스트레마두라에는 성경의 루카(누가)복음과 사도행전을 쓴, 사도 루카(누가)가 만든 것으로 전해지는 조그만 목각 성모상이 있었습니다. 그런데 무슬림들의 공격이 가까이 다가오자, 위험을 느낀 신부는 이 성모상을 외진 곳으로 가져가 땅속에 묻어 숨겼습니다. 아마도 훗날 그들이 물러가면, 다시 와서 찾아가려고 했을 것입니다. 하지만 그 후 스페인은 수백 년 동안 무슬림들의 지배를 받았고, 조각상을 묻어 둔 장소는 세월속에 잊히게 되었습니다.

그런데 그로부터 600 여 년이 지난 1328 년, 이 지역이 다시 크리스천 왕국으로 회복된 후, 잃어버린 소를 찾아 헤매는 한 농부에게 성모님이 나타나셨습니다. 그리고 성모님은 그에게 자신이 서 있는 곳을 파라고 명령했습니다. 그가 신부들에게 알려 그렇게 하자, 그곳에서 오랫동안 잃어버린 성모님의 조각상이 발견되었습니다. 그런데 성모님상이 발견된 곳은 언덕으로, 그 옆에는

'과달루페'라는 스페인어가 아닌 이국적인 이름의
강이 흐르고 있었습니다. 그리하여 그들은 성모님의
조각상을 '과달루페의 성모님'으로 부르기
시작했습니다. 그리고 이 성모님상은 현재 스페인
엑스트레마두라에 있는 과달루페 성모 마리아 왕립
수도원(Real Monasterio de Santa María de
Guadalupe)에 모셔져 있습니다.

그러므로 성모님은 아즈텍인들과 스페인인들에게
모두 익숙한 '과달루페'라는 공통적인 호칭으로
발현하셨습니다. 두 민족 간의 화합을 이루기
원하시는 성모님의 세심한 마음을 알 수 있습니다.

신비로운 성모님의 이미지

발현 마지막 날인 1531 년 12 월 12 일, 성모님은 그녀가 그곳에 오셨다는 증거로, 당시 후안 디에고가 입고 있던 틸마라는 큰 망토에, 겸손하게 고개를 숙이고 생각에 잠겨 두 손을 모아 기도하고 있는 자신의 모습을 초자연적으로 사진처럼 남겨 주셨는데, 이 기적의 이미지는 현재 멕시코시티의 테페약 언덕 기슭에 위치한 '과달루페 성모 마리아 국립 대성당' 제단 뒤 벽 위에 걸려 있습니다.

그런데, 가로 1.1m, 세로 1.7m 크기의 후안 디에고의 틸마에 남겨진 약 1.4m 크기의 성모님의 이미지에는 여러 가지 미스테리한 점이 발견되는데, 이제 그 신비와 숨겨진 의미에 대해 알아보겠습니다.

43

사람이 그리지 않았다

성모님의 이미지는 그림이라기보다 마치 사진처럼 보입니다. 통상적으로 그림을 그리면 붓자국이 남게 됩니다. 입체감을 나타내거나 다양한 색깔을 표현하기 위해서는 반복적으로 물감을 칠해야 하기 때문입니다. 하지만 후안 디에고의 틸마에 남겨진 성모님의 이미지에는 붓자국이 없습니다. 이는 그림 전체를 단 한 번의 붓놀림으로 그렸다는 것인데, 이것은 설명이 불가능합니다. 그러므로 성모님의 이미지는 그림이라기보다 사진에 더 가깝다고 할 수 있습니다. 하지만 현대적인 사진 기술은 과달루페 성모님의 발현 300 여 년 이후인 19 세기에 등장했습니다. 그러므로, 이 또한 설명이 불가능합니다.

성모님의 이미지를 사람이 그리지 않았다는 상황 증거들이 있습니다. 당대 최고의 화가였던 레오나르도 다빈치나 미켈란젤로 등, 화가라면 누구든지 위대하고 섬세한 그림을 그리기 위해, 가난한 농부가 망토처럼 입고 다니는 선인장 섬유로 짠 거친 아야테 천으로 만든 틸마를 선택하지는 않을 것입니다. 그들은 최고의 걸작품을 그리기 위해 최고의 천을 선택할 것입니다. 더구나 후안 디에고의 틸마에는 중간에 위에서 아래로 이음매가 있습니다. 이는 후안 디에고의 틸마가 두 개의 천을 이어서 만든 가난한 농부의 것이며, 따라서 이것은 화가가 그림을 그리는 소재로는 적절치 않은 것입니다. 어떤 화가가 위대한 그림을 그린다면, 그는 아즈텍 원주민들이 옥수수와 같은 곡식을 나르는 등

다목적으로 사용하는 틸마 위에는 결코 그리지 않을 것이며, 이음매가 있는 틸마는 더욱 선호하지 않을 것입니다.

하지만, 성모님께서는 그 어느 화가도 사용하지 않을 가난한 원주민의 틸마 위에 거룩하신 성모님 자신의 모습을 남겨 주셨습니다. 성모님이 유럽의 화려하고 값비싼 고급 천이 아니라 가난한 아즈텍 원주민의 평범한 틸마에 그분의 이미지를 남겨 주셨다는 사실에서, 아즈텍인들은 새로운 자신감과 자존심을 느꼈을 것이며, 자신들을 높이고 존중하는 성모님의 세심하고 겸손한 마음을 알았을 것입니다.

파괴되지 않는 성모님의 이미지

아즈텍 남자들이 입었던 '틸마'라는 망토는 멕시코나 미국 남부에서 흔히 발견되는 마게이 선인장의 섬유로 짠 '아야테'라는 천으로 만들었습니다. 그것은 고급 천이 아니며, 결이 거칠고 느슨한 천입니다. 후안 디에고는 가난한 사람이었으므로, 그가 입었던 틸마도 그랬을 것입니다. 그의 틸마의 중앙에 세로로 두 천을 이어서 만든 이음매가 있다는 사실이 이를 증명하고 있습니다. 이 이음매는 성모님의 이미지를 위에서 아래로 통과하고 있는데, 그러므로 그림은 중력에 의해 시간이 가면 틈이 벌어지게 될 것입니다. 하지만 성모님의 이미지는 오늘날까지 원형을 유지하고 있습니다.

틸마는 자연적인 상태에서는 20-30 년이 지나면 자연적으로 삭아서 부서집니다. 이는 눈에 보이지 않는 작은 벌레나 미생물이 선인장 섬유를 파괴하기 때문입니다. 그러나 성모님의 이미지가 있는 후안 디에고의 틸마는 500 여 년이 지난 현재까지 견고한 상태를 유지하고 있습니다. 더욱 놀라운 것은, 1647 년에야 비로소 교회가 성모님의 이미지를 유리 액자에 넣어 전시했다는 점입니다. 그러므로 성모님의 이미지는 처음 116 년 동안은 아무런 보호 장치도 없이, 더운 온도와 습기, 촛불의 연기 등에 노출되어 있었을 뿐 아니라 수많은 사람들이 손으로 만지고 키스하고 했습니다. 그럼에도 불구하고 성모님의 이미지가, 이러한 악조건 속에서, 500 여 년이 지난 오늘에 이르기까지 본래의 모습을 유지하고 있다는 사실은, 그 자체만으로도 미스터리이며 기적입니다.

1791 년에는 일꾼이 성모님 이미지가 들어 있는 은으로 된 액자의 틀을 닦다가 실수로 질산 용매를 성모님의 이미지에 쏟아버렸습니다. 질산은 강산이므로 틸마는 구멍이 나거나 삭아서 부서질 것입니다. 하지만 성모님의 이미지는 해를 입지 않았으며, 현재는 성모님의 이미지가 없는 오른쪽 상단 부분에만 얼룩이 조금 남아 있습니다.

또한 1921 년 11 월 14 일에는 성모님의 이미지를 파괴하려는 사람이 아름다운 장미꽃이 가득한 큰 꽃다발 속에 다이너마이트 폭탄을 숨겨서 성당 안으로 가지고 들어와 성모님의 이미지 바로 앞에 놓아두고 폭파시켰습니다. 폭발로 인해 제단의 대리석 계단과 난간이 파괴되고, 주변 건물들의 창문이 부서졌으며, 제단의 무거운 황동 십자가도 휘어졌습니다. 하지만, 성모님의 이미지는 전혀 해를 입지 않았으며 액자의 유리도 깨지지 않았습니다.

상징으로 가득한 성모님의 이미지

과달루페 성모 마리아의 발현은 상징으로 가득 차 있습니다. 성모님께서 발현하신 해와 날, 성모님의 모습과 의복 등 모든 것에 상징적인 의미가 숨어 있습니다.

성모님께서 발현하신 1531 년은 예수님께서 세례를 받으시고 구원의 복음을 전파하기 시작하신 지 1500 년을 기념하는 해입니다. 성모님은 이 거룩한 해에, 마르틴 루터가 교회에 반항함으로 종교 분쟁에 휩싸여 있는 유럽을 떠나, 신대륙 멕시코의 테페약 언덕에 찾아오셨습니다.

성모님께서 마지막으로 발현하신 12 월 12 일에도 상징적인 의미가 있습니다. 성모님은 테페약 언덕에서 12 월 9 일, 10 일, 그리고 12 일, 총 3 일에 걸쳐 3 번 발현하셨습니다. 성모님께서 마지막으로 발현하셨던 12 월 12 일은 현재의 그레고리력으로는 12 월 22 일로, 이날은 동짓날입니다. 천체의 움직임에 대한 지식이 있는 대부분의 고대 문명이 그러하듯이, 아즈텍인들은 동짓날을 중요하게 생각했습니다. 이날을 기점으로 낮의 길이가 줄어드는 것을 멈추고 다시 길어지기 시작하기 때문입니다. 밤과 낮의 길이와 계절의 변화가 창조 질서의 일부임을 깨닫지 못한 그들은, 낮이 줄어들다가 다시 길어지기 시작하는 이 날을 빛의 신이 어둠의 신에 승리하기 시작하는 새로운 출발로 이해했습니다. 그러므로, 성모님이 동짓날에 오셨다는 사실은 아즈텍인들에게는 새로운 시대가 도래했음을 알리는 신호였습니다.

과달루페 성모님의 초자연적 이미지는 아즈텍 원주민들이 그리스도교를 이해하고 받아들일 수 있는 상징적인 방식으로 표현되어 있습니다. 아즈텍의 문자는 그림문자입니다. 예를 들어 악어라는 단어는 한글로는 "악어", 영어로는 "crocodile"이라고 씁니다. 하지만 아즈텍의 언어로는 악어와 비슷한 모양으로 그려서 씁니다. 영어나 한국어는 배우지 않고는 결코 단어의 의미를 알 수 없지만, 아즈텍 언어로 악어라고 썼다면, 우리는 그 단어가 무엇을 의미하는지 어느 정도 짐작할 수 있을 것입니다. 이렇게 아즈텍인들은 그림으로 된 문자로 뜻을 전달했기 때문에, 그들은 이미지의 상징성에 익숙해 있었고, 그들이 성모님의 이미지를 보았을 때, 그들은 그 속에 숨겨진 의미를 자신들의 방식으로 이해했을 것입니다.

해를 옷 입고 초승달을 밟고 서 있는 성모님

테페약 언덕에서 후안 디에고에게 찾아오신 성모님께서는, 영광의 구름에 둘러싸인 채, 태양을 옷 입고, 임신하여 해산이 가까운 여인의 모습으로, 검은 초승달을 밟고 서 계십니다. 이 모습은 성경의 요한 묵시록(계시록)의 말씀과 정확히 일치합니다.

> "그리고 하늘에 큰 표징이 나타났습니다. 태양을 입고 발밑에 달을 두고 머리에 열두 별의 관을 쓴 여인이 나타난 것입니다. 그 여인은 아기를 배고 있었는데, 해산의 진통과 괴로움으로 울부짖고 있었습니다." (요한 묵시록 12:1-2)

성모님께서 마지막으로 발현하셨던 12 월 12 일은 현재의 그레고리력으로는 12 월 22 일로, 이날은 예수님의 탄생일로부터 불과 3 일 전입니다. 즉, "그 여인은 아기를 배고 있었는데, 해산의 진통과..."라는 성경 말씀과 동일한 맥락입니다.

성모님은 태양 앞에 서 계십니다. 무엇이든 태양 앞에 있으면 강렬한 태양 빛 때문에 그늘이 져서 검게 보입니다. 하지만 성모님은 밝게 빛나고 있습니다. 그러므로 아즈텍인들은 성모님을 태양 빛보다 더 밝은 빛을 소유하신 분, 그들이 피로 희생하며 생명을 바쳐 섬긴 그들의 태양신 우이칠로포치틀리보다 더 위대한 능력을 소유하신 분으로 이해했을 것입니다.

후안 디에고는 태양을 옷 입고 서 계시는 성모님의 몸에서 빛이 파동을 치며 나왔다고 말했습니다. 성모님의 이미지를 자세히 보면, 태양 광선이 직선이 아니고 구불구불한 것을 알 수 있습니다. 이는 광선이 파동을 치며 나왔기 때문입니다.

또한 성모님은 검은 초승달을 밟고, 그 위에 서 계십니다. 검은 초승달은 월식을 의미하며, 그들의 깃털이 달린 뱀신 또는 밤의 달신, 케찰코아틀을 상징합니다. 그러므로 검은 초승달을 밟고 서 계시는 성모님의 모습을 본 아즈텍인들은, 성모님께서 달이 빛을 잃게 하는 어두움의 달신을 그녀의 발 아래 굴복시키고, 그들을 보호하기 원하신다고 이해했을 것입니다. 또한, 초승달은 이슬람교의 상징이기도 합니다.

아즈텍인들은 여러 신들을 믿었습니다. 그들은 달이 태양을 가리기 때문에 일어나는 일식과, 지구의 그림자가 달을 가려서 일어나는 월식을 태양신과 달신이 평화롭게 지내지 않기 때문에 생기는 불길한 사건으로 이해했습니다. 그들에게 일식과 월식은 태양신과 달신이 다투는 두려운 사건이었으며, 그러므로 그들은 신들이 싸우지 않고 서로 화목하게 지내서 우주가 조화롭게 운행될 수 있도록 하기 위해 인간을 희생해서 제물로 바쳤습니다. 그런데 성모 마리아가 태양을 가리고, 빛을 잃은 어두운 초승달을 밟고 그 위에 서 계시는 모습으로 그들에게 나타나신 것입니다. 그러므로, 그 모습을 본 아즈텍인들은 성모님이 그들의 태양신과 달신보다 더 위대한 능력을 소유한 분임을 직감적으로 이해했을 것입니다.

많은 별이 새겨진 청록색 망토와 붉은 색조의 장밋빛 드레스

성모님은 발까지 닿는 큰 청록색 망토를 입고 계십니다. 아즈텍 왕국에서는 오직 황제만이 청록색 의복을 입을 수 있었습니다. 그러므로 그들에게 청록색은 왕권을 상징하는 색깔이었습니다.

틸마라는 큰 망토를 입고 다니는 아즈텍인들처럼 성모님께서도 유대인 복장에 따라 망토를 입고 나타나신 것은, 성모님 자신도 로마 제국의 지배를 받은 유대인이었기 때문에, 스페인 제국의 지배하에 있는 원주민들의 마음을 잘 이해한다는 의미도 있을 것입니다.

성모님의 망토에는 많은 별이 새겨져 있습니다. 별은 하늘을 상징하므로, 성모님이 많은 별로 장식된 청록색 망토를 입고 오셨다는 사실에서, 아즈텍인들은 성모님을 하늘에서 오신 분, 하늘의 왕권을 소유하신 분으로 인식했을 것입니다.

아즈텍 문명에서는 천문학이 매우 발달했습니다. 그들은 해와 달과 천체의 움직임을 관측해서 정교한 칼렌다를 만들고, 피라미드를 지어 태양신과 달신을 숭배했습니다. 아즈텍 고대 도시 테오티우아칸에 있는 태양신을 위한 거대한 피라미드는 바닥 한 면의 길이가 220m, 높이가 66m 에 달하는 큰 건축물입니다.

천문학자들이 컴퓨터로 추적한 결과, 성모님께서 후안 디에고의 틸마에 자신의 이미지를 남겨 주신 1531 년 12 월 12 일은 오늘날의 그레고리력으로는 12 월 22 일로, 이날은 동지였습니다.

아즈텍인들에게 동짓날은 매우 특별한 날이었는데, 바로 이날을 기점으로 해서 계속 늘어만 가던 밤의 길이가 멈추고 다시 낮이 길어지기 시작하기 때문입니다. 그들은 동짓날을 정의로운 빛의 신이 어두움의 신을 이기고 승리하기 시작하는 날로 인식했습니다. 그러므로 아즈텍인들은 이날 성모님께서 하늘의 왕권을 상징하는 별이 새겨진 청록색 망토를 입고 테페약 언덕에 나타나신 이 사건을 새로운 시대의 시작을 알리는 중요한 신호로 받아들였을 것입니다.

놀라운 사실은, 성모님의 망토에 새겨진 별은 무작위로 장식된 별이 아니라, 1531 년 12 월 12 일 오전, 기적이 일어난 그 순간 멕시코시티에서 바라본 하늘의 별자리라는 사실입니다.

예를 들어, 그림의 예에서 보듯이 성모님의 망토에 있는 별자리는 우리에게 익숙한 북두칠성입니다. 그러나 이날 멕시코시티에서 북두칠성을 바라보면 반대로 뒤집혀서 보입니다.

즉, 성모님의 망토에 새겨진 별자리는, 우리가 땅에서 하늘을 향해 바라본 모양이 아니라, 우주 밖에서 지구를 향해 바라본 별자리의 모양입니다. 이것은 성모님께서 오신 천국은 물질세계 밖에 존재한다는 의미일 것입니다.

또한, 망토에 없는 다른 별자리의 위치를 추적해
보면, 성모님의 머리 위에 왕관자리가 위치하고
있는데, 이는 계시록 12 장에 등장하는 별의 왕관을
쓴 여인과 일치합니다.

더욱 놀라운 것은, 또 다른 별자리, 사자자리가
성모님의 임신한 자궁 위에 정확히 위치한다는
사실입니다. 성경의 요한 묵시록(계시록)에는
예수님이 "유다의 사자"로 묘사되어 있습니다.

그런데 원로 가운데 하나가 나에게 말했습니다.
"울지 마라. 유다 지파의 사자, 다윗의 뿌리가

승리하여, 일곱 봉인이 있는 두루마리를 열 수 있게 되었다." (요한 묵시록 5:5)

그러므로 사자자리가 출산이 임박한 성모님의 자궁 위에 위치한다는 사실은, 성모님의 자궁속에 유다 지파의 사자 예수님이 자라고 계시며, 인류를 구원할 메시아께서 사람의 아들, 즉 성모 마리아의 아들로 탄생할 것임을 예고하고 있습니다.

성모님이 망토 밑에 입고 계시는 붉은 빛 드레스에는, 여러 가지 식물과 꽃이 그려져 있는데, 이는 땅을 상징합니다. 그러므로 성모 마리아는 상징적으로 하늘과 땅을 옷 입고 테페약에 오셨습니다. 성모님은 의복을 통하여 자신이 하늘과 땅을 소유하고 지배하는 권세가 있는 분의 어머니이심을 밝힌 것입니다. 후안 디에고와의 첫 대화에서, 성모님은 이렇게 말씀하셨습니다.

"나의 가장 사랑하는 가장 작은 아들아, 너는 내가 영원토록 완전한 동정녀 거룩한 마리아, 사람을 발명하고 창조하신 우리에게 생명을 주시는, 우리 주변에 있는 것과 우리와 접촉하고 있는 것과 또 우리에게 매우 가까운 것들의 소유자이며 주님 되시고, 하늘의 소유자이며 주님 되시고, 땅의 소유자이신, 진리의 위대한, 한 분이신 참 하느님의 어머니임을 알고 알아야 한다."

계시록 12 장의 여인 성모 마리아

예수님께서 그분의 12 제자 중 한 분이신 사도 요한에게 환상으로 보여 주신 예언적 계시의 기록인 요한 묵시록(계시록) 12 장에는 이와 같은 말씀이 기록되어 있습니다.

> "그리고 하늘에 큰 표징이 나타났습니다. 태양을 입고 발밑에 달을 두고 머리에 열두 별의 관을 쓴 여인이 나타난 것입니다. 그 여인은 아기를 배고 있었는데, 해산의 진통과 괴로움으로 울부짖고 있었습니다." (요한 묵시록 12:1-2)

1531 년 테페약 언덕에서 발현하신 성모 마리아의 모습을 종합해 보면, 우리는 성모님께서 계시록 12 장에 등장하는 여인임을 알 수 있습니다. 성경의 말씀과 성모님의 모습이 정확히 일치하기 때문입니다.

테페약에 오신 성모님은 태양을 가리고 서 계시는데 그 모습이 마치 해를 옷 입은 모습이고, 검은 초승달을 밟고 그 위에 서 계십니다. 그뿐 아니라, 성모님의 망토에 없는 다른 별자리의 위치를 추적해 보면, 성모님의 머리에는 왕관 별자리가 위치하는데 이는 성모님이 상징적으로 우주의 별로 된 왕관을 쓰고 계신다는 의미이고, 성모님의 임신한 자궁 위에는 사자 별자리가 위치하는데 이는 성모님의 자궁속에 유다 지파의 사자 예수님이 자라고 있음을 의미합니다. 또한, 성모님이 자신의 모습을 초자연적으로 남겨 주신 12 월 12 일은 현재의 달력으로는 12 월 22 일로 크리스마스로부터 불과

3 일 전입니다. 따라서, 이제 곧 해산이 임박하여 예수님이 탄생하실 것을 예고하고 있습니다.

성모님이 12 월 12 일에, 계시록 12 장에 기록된 모습으로 발현하신 것이 우연일까요? 숫자 12 가 반복적으로 일치하고 있다는 사실과 성모님이 계시록에 기록된 여인의 모습으로 테페약에 오셔서 악마적 인간 희생을 강요하는 종교로부터 아즈텍인들을 회심시킨 것은 결코 우연이 아니며, 계시록 12 장의 여인이 곧 성모 마리아라는 의미입니다.

성모님을 받들고 있는 천사

성모님의 발 밑에는 천사가 그의 오른손으로 하늘의 왕권을 의미하는 성모님의 청록색 망토를, 그리고 왼손으로는 땅을 의미하는 붉은빛이 도는 장미색 드레스를 잡고 성모님을 받들며 시중들고 있습니다. 이 천사는 케룹(Cherub)이라는 천사로, 그들은 천국 보좌에서 삼위일체 하느님을 시중드는 역할을 하는 천사입니다. 그러므로 케룹 천사가 성자 하느님이신 예수님을 임신한 성모님을 시중들고 있다는 사실은 당연한 것입니다.

이 케룹 천사는 독수리의 것과 유사한 날개를 활짝 펴고, 성모님을 받들며 나르는 모습을 하고 있는데, 이는 요한 묵시록(계시록)의 성경 말씀을 생각나게 합니다.

"그러나 그 여인에게 큰 독수리의 두 날개가 주어졌습니다. 그리하여 그 여인은 광야에 있는 자기 처소로 날아가, 그 뱀을 피하여 그곳에서 일 년과 이 년과 반 년 동안 보살핌을 받았습니다."
(요한 묵시록 12:14)

성모님이 계시록 12 장의 여인임을 암시하는 또 다른 부분입니다.

혼혈인으로 오신 성모님

과달루페 성모님의 얼굴과 피부색은 백인과 아즈텍 원주민 사이의 혼혈인의 모습입니다. 당시 혼혈인들은 대부분 결혼하지 않은 상태에서 태어났기 때문에, 스페인과 아즈텍 두 사회에서 모두 천대받는 계층이었습니다. 그런데 성모님께서 혼혈인의 모습으로 오신 것입니다.

스페인 사람들이 멕시코에 온 것은, 1519 년 4 월, 정복자 에르난 코르테스의 일행이 도착한 것으로부터 시작되었습니다. 그러므로 성모님께서 발현하신 1531 년에는 멕시코에 백인과 원주민 간의 혼혈로 가장 나이가 많은 아이라 하더라도, 11 살밖에 되지 않았을 것입니다. 하지만 500 여 년이 지난 오늘날에는 멕시코 인구의 대부분이 혼혈인입니다. 성모님께서 혼혈인으로 발현하신 것은, 미래 멕시코인들의 대부분이 두 민족 사이에서 태어난 후손일 것임을 미리 아시고, 성모님이 그들과 같은 모습을 한 그들의 어머니 되심과 결혼의 신성함을 강조하고, 두 민족 사이의 화합을 이루기

위함일 것입니다. 또한 하늘에 우리 모두의 아버지와
어머니가   계시다는   메시지를   스페인인들과
아즈텍인들   모두에게   주기   원하셨기   때문일
것입니다.

성모님의 눈

아즈텍의 신들은 눈을 크게 뜨고 정면을 직시하는
자세를   하고   있습니다.   이는   아마도   그들이   큰
파워를 소유하고 있음을 보여 주려는 이유 때문일
것입니다. 하지만 아즈텍의 신들과는 달리, 성모님은
겸손히 고개를 약간 숙여 옆으로 돌린채, 시선을
아래로   향하고   있습니다.   이것은   성모님께서는
하늘의 큰 권세를 소유하신 분이지만, 자신은 신이
아니며, 자신 위에 더 높고 위대한 능력을 가진
친절하고 온유한 사랑의 하느님이 계시다는 것을
아즈텍인들에게 겸손히 알리고 있는 메시지입니다.

또한   전문가들이   현대적인   기술로   분석한   결과,
성모님의   눈에는   후안   디에고와   주마라가   주교를
포함한 기적이 일어난 순간 현장에 있었던 사람들의
모습이 반사되어 있는 것이 발견되었습니다. 이것은
안구가 둥근 형태이고 눈물이 표면을 덮고 있기
때문에   사람의   눈에서   일어나는   자연적인
현상입니다.

성모님의 머리 스타일

당시 아즈텍 사회에서는 결혼한 여인은 머리를 올렸습니다. 하지만 처녀들은 머리를 내리고 다녔습니다. 과달루페 성모님께서는 미혼인 아즈텍 소녀들처럼 중앙에 가르마를 하고 머리를 자연스럽게 내리고 계십니다. 따라서 성모님의 이미지를 본 아즈텍인들은 성모님이 순결한

처녀임을 알았을 것입니다. 이는 성경의 기록과
일치합니다.

예수 그리스도께서는 이렇게 탄생하셨다. 그분의
어머니 마리아가 요셉과 약혼하였는데, 그들이
같이 살기 전에 마리아가 성령으로 말미암아
잉태한 사실이 드러났다. (마태 1:18)

성모님의 십자가 브로치

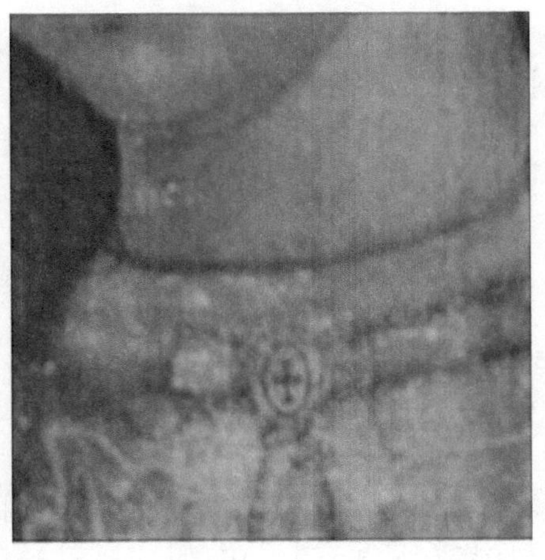

성모님께서는 기도하는 손 위, 목 아래 중앙에,
십자가가 새겨진 작은 황금색 브로치를 하고
계십니다. 이것은 성모님의 이미지 중에서 유일하게
아즈텍인들에게 익숙하지 않은 상징입니다. 아마도
성모님께서는 자신의 아드님 예수님께서 인류의
구원을 위해 십자가에서 죽으셨다는 사실을 십자가
심볼을 통해 그들에게 전하기 원하셨을 것입니다.

하지만 성모님의 선택은 눈에 잘 보이는 큰 십자가가
아니라, 거의 눈에 띄지 않는 작은 십자가였습니다.

성모님께서는 아즈텍인들에게 그리스도교의 교리에
대해 가르치거나 개종을 강요하지 않았으며, 그들이
성모님을 어머니로 받아들여 스스로 신뢰하고
회심할 수 있도록 사랑으로 인도하셨습니다.

두 손을 모으고 기도하시는 성모님

성모님은 두 손을 가슴에 모으고 기도하는 자세를
하고 계십니다. 그러므로 성모님께서는 자신은 신이
아니며, 자신이 기도를 바치는, 자신보다 더 위대한
분이 계시다는 분명한 메시지를 전하고 있습니다.

아즈텍인들은 그들의 신에게 기도할 때 춤을 추며 온
몸으로 기도했습니다. 그들의 춤에는 경쾌하게
뛰면서 한쪽 무릎을 들고 두 손을 모아 기도하는
동작이 자주 발견되는데, 자세히 보면 과달루페
성모님께서도 왼쪽 무릎을 조금 굽히고 계십니다.
성모님께서 자신이 기도하고 있음을 스페인인들과
아즈텍이들에게 모두 그들이 알 수 있는 방식으로
전달하고 있음을 알 수 있습니다.

또한, 아즈텍인들은 그들의 신에게 헌물을 바칠 때
두 손을 가슴에 모았습니다. 그러므로 아즈텍인들은
성모님의 손을 보고, 성모님이 아즈텍의 풍습처럼
마음을 다하여 무엇인가를 헌물로 그들에게 주시기
원한다고 느꼈을 것입니다. 실제로 성모님은 후안
디에고에게 이렇게 말씀하셨습니다.

"나는 그분을 보여줄 것이며, 그분이 드러나시게 하고, 그분을 높일 것이다. 나는 나의 모든 사랑 안에 있는, 내 동정의 시선 안에 있는, 나의 도움 안에 있는, 나의 구원 안에 있는 모든 사람들에게 그분을 드릴 것이다."

그러므로, 가슴 앞에 두 손을 모으고 있는 모습은 스페인인들과 아즈텍인들 모두에게 기도의 자세입니다. 자세히 보면, 성모님의 왼손의 피부색은 더 검은색으로 원주민의 손과 같은 모양이고, 오른손은 더 흰색으로 백인의 손에 가까운 모양입니다. 이렇게 다른 피부색의 두 손을 함께 모아 기도하고 있는 성모님의 모습에서 그들은 두 민족 사이의 화합을 바라는 성모님의 마음을 알 수 있었을 것입니다.

검은 허리띠 리본과 나후이 올린 꽃

배가 부른 성모님의 모습에서 우리는 성모님이 아기를 임신한 상태임을 알 수 있습니다. 또한 성모님은 검은 허리띠 리본을 매고 계시는데, 이는 아즈텍의 문화에서 임신했다는 표시입니다.

뿐만 아니라, 스페인어로 '임신했다'라는 단어는 'encinta'인데, 이는 en(안)과 cinta(리본)의 합성어로, '리본을 맸다'라는 언어적 의미가 있습니다. 그러므로 성모님은 검은 허리띠 리본을 통해서, 자신이 아기 예수님을 임신하고 있다는 사실을, 아즈텍인들과 스페인인들이 모두 알고 있는 공통적인 방법으로, 그들에게 알리고 있습니다.

아즈텍인들은 꽃을 매우 공경했습니다. 그 중에서도 꽃잎이 4 개 달린 나후이 올린 꽃은 그들에게는 아주 특별한 꽃이었습니다. 나후이 올린이란 아즈텍의 나와틀어로 4 개의 움직임이라는 뜻으로, 우주를 창조하고 지배하는 4 가지 요소를 소유한 가장 높은 신적 존재를 나타내는 상징입니다.

그런데 성모님의 허리띠 리본 바로 밑, 태아가 자라고 있는 바로 그곳에 꽃잎이 4 개 달린 십자가 모양을 한 나후이 올린 꽃이 발견되는데, 이 꽃은 성모님의 이미지 중 오직 이곳에만 있습니다.

그러므로 이를 본 아즈텍인들은 성모님을 창조주 신을 임신하신, 하느님의 어머니로 인식했을 것입니다

마침 말

과달루페 성모 마리아의 발현은 따뜻한 하늘 어머니에 대한 이야기입니다.

후안 디에고가 13 살 되던 해에, 거대한 아즈텍 신전의 봉헌식이 있었습니다. 그리고 이날 수천 명의 사람들이 희생되었습니다. 아마도 이날의 사건을 생생히 기억하고 있던 후안 디에고는 그리스도교로 개종을 결심하고 세례를 받았을 것이며, 이날도 교리를 배우기 위해 새벽에 성당으로 가고 있었습니다. 그리고 그가 테페약 언덕을 지나갈 때, 성모님께서 그의 이름을 부르는 소리를 들었습니다.

    "후안친! 후안 디에고친!"

그리고 그가 가까이 다가가자, 성모님은 그에게 물었습니다.

"나의 가장 작은 자, 가장 겸손한 아들 후안아, 어디로 가고 있느냐?"

발현 후, 후안 디에고는 깊은 내적 깨달음의 은총을 받고, 기도와 덕행과 사랑의 실천에 전념하며, 그의 나머지 생을 성모님의 거룩한 이미지가 걸려 있는 성당 근처 오두막에 거하면서 성당을 관리하고 성모님의 이미지를 보기 위해 찾아오는 순례자들을 도우며 살았습니다. 그리고 1548 년 5 월 30 일, 겸손한 하느님의 종 후안 디에고는 테페약에서 74 세로 세상을 떠났고, 과달루페 성모님께 봉헌된 채플에 묻혔습니다. 후안 데 주마라가 주교는 후안 디에고가 생을 마친지 4 일 후인 6 월 3 일, 80 세로 세상을 떠났습니다. 성모님이 테페약 언덕에 발현하신 지 17 년 후, 두 후안이 서로 며칠 간격으로 사망했을 때, 대부분의 멕시코 사람들은 이미 그리스도교 신자가 되어 있었습니다.

성모님이 테페약 언덕에 찾아오신 이후, 오순절과 같은 날들이 10 여 년 동안 계속되었는데, 역사상 어느 때에도 이토록 신속하고 완전하게 한 민족에게 복음이 전파된 적은 없었습니다. 예수님의 어머니 성모님께서 하늘 보좌에서 오셔서, 악마적 종교의 포로가 된 아즈텍 원주민들의 존엄성을 회복시켜 주셨고, 스페인인들과 아즈텍인들이 서로의 불신을 끝내고 화합하도록 인도하신 것입니다.

성모 마리아의 메신저로 선택을 받고, 아즈텍과 스페인 두 사회를 오가며 겸손하게 성모님과 주마라가 주교에게 순종했던 하느님의 종 후안 디에고는, 그가 테페약 언덕에서 성모님을 처음

만난지 471 년 후인 2002 년, 교황 요한 바오로 2 세에 의해 교회의 성인으로 추대되었습니다.

성모님께서 후안 디에고에게 나타나셔서 이곳에 작은 기도의 집을 세우라고 요청하셨던 테페약 언덕에는 현재 '과달루페 성모 마리아 국립 대성당'이 세워져 있으며, 그곳에 모셔져 있는 성모님의 이미지를 보기 위해 매년 2 천만 명 이상의 순례자들이 찾아오고 있습니다. 그리고 그곳 정문 위에는, 죽음을 앞둔 삼촌 때문에 두려움에 떨고 있던 후안 디에고에게 하신 성모님의 말씀이 새겨져 있습니다.

"내가 여기 있지 않느냐? 내가 너의 어머니가 아니냐?"

과달루페 성모 마리아의 발현은, 하늘에는 만물의 창조주이시고 우주의 지배자 되시는 하느님이 계시며, 그분이 성모 마리아를 통해 인류 역사에 관여하고 계신다는 확실한 증거입니다.